Rita Seeger/Norbert Seeger

Konfliktklärung in und mit Gruppen

Ein effektives Beratungsverfahren
durch Konfrontation und Kontakt für alle,
die mit Gruppen von Kindern
und Jugendlichen arbeiten.

Auer Verlag GmbH

Nur wenn Kinder und Jugendliche lernen ihre eigenen Gedanken und Gefühle in Konflikthandlungen sprachlich auszudrücken und zu akzeptieren, werden sie aktiv ihre Gedanken und Gefühle steuern können und nicht davon überwältigt werden.

Gedruckt auf umweltbewusst gefertigtem, chlorfrei gebleichtem und alterungsbeständigem Papier.

1. Auflage. 2003
Nach der Neuregelung der deutschen Rechtschreibung

Illustrationen: Bettina Weller
Satz: Fotosatz H. Buck, Kumhausen
Druck und Bindung: Ludwig Auer GmbH, Donauwörth
ISBN 3-403-0**3891**-2

Inhaltsverzeichnis

1. Einführung

Aus den vielen Beobachtungen, Erfahrungen und Gesprächen mit Lehrerinnen und Lehrern, sowie Pädagoginnen und Pädagogen aus den unterschiedlichsten Berufsfeldern ist ein deutliches Ansteigen der Probleme und Konfliktlagen in den pädagogischen Einrichtungen zu verzeichnen. In der Regel stehen die Betroffenen den Problemen und Konflikten ratlos und manchmal verzweifelt gegenüber. Bei aller Anstrengung, regulierende und integrierende Maßnahmen in Gang zu setzen, sind die Resultate oft kurzlebig.

Das hier vorliegende ***Praxisheft*** möchte mit seinen konkreten Darstellungen eine Gesprächskultur entwickeln helfen und in den problemgeladenen Stituationen beratend zur Seite stehen.
Dabei gehen wir grundsätzlich davon aus, dass ***Verhaltensprobleme*** und ***Konflikte*** für den Gruppenleiter informativ sind. Den Aspekt der unangenehmen Störung klammern wir aus. Probleme und Konflikte sollten – was nicht immer so leicht fällt – mit wohlwollender Haltung angesprochen und beraten werden. Dabei geht es nicht um das vorschnelle Aussprechen von ***RAT-SCHLÄGEN*** und Schuldzuweisungen, sondern darum, einen Raum zu eröffnen für Meinungsäußerungen, Reflexionen und ***gemeinsame*** Lösungsfindungen.

Gesprächskultur entwickeln

In diesem Zusammenhang ist es sinnvoll sich zu verdeutlichen, dass neben fachlichem Lernen in pädagogischen Institutionen immer auch ein soziales Lernen stattfindet. Diese beiden Lernebenen ***bedingen*** sich und führen nur durch beidseitige Übung und Pflege zum Erfolg.
So lassen sich massive Problemlagen und Konfliktentladungen nicht immer, aber doch immer öfter entschärfen, indem man den Kindern und Jugendlichen Raum gibt angstfrei das an- und auszusprechen, was in Problemsituationen erlebt wird.
Sie lernen, dass Probleme und Konflikte ein Teil des Lebens sind, und erlernen Möglichkeiten des Umgangs damit, des ***konstruktiven Lösens***.
So sehe ich zum Beispiel nach der Pause den aufgeblasenen wutentbrannten Schüler. Nachdem wir den Konflikt bearbeitet haben, atmet er aus und fühlt sich erleichtert.

Was ist zu tun?

Probleme lassen sich nicht einmalig abhaken und sind dann für den Rest des Jahres geklärt. Sie begleiten uns, also diejenigen, die mit Kindern und Jugendlichen professionellen und mitmenschlichen Umgang haben, Tag für Tag. Deshalb ist es sinnvoll:

⇒ ***Wir nehmen Konflikte als tägliche Realität an.***

⇒ ***Wir wenden uns ihnen geduldig zu, wenn sie auftreten.***

⇒ ***Wir geben für eine bestimmte Zeit Raum zu ihrer Beratung.***

Beratung, so sie nicht in Rat-Schlägen endet, bedarf allerdings bestimmter Kenntnisse und Strukturen und wird im nachfolgenden Modell dargestellt. Das **Beratungs- und Konfliktlösungsmodell** kann von unterschiedlichen Adressatengruppen in den jeweiligen Beratungs- und Konfliktlösungssituationen angewendet werden.
Das im Folgenden dargestellte **anwendungsbezogene Beratungsmodell** hat zum Ziel, Probleme und Konflikte in und mit Gruppen klären zu helfen.

Dabei ist die Gruppe aktiv und passiv mitbeteiligt.

Passiv, indem in jedem einzelnen Gruppenmitglied, durch die Teilhabe an der gesamten Gesprächssituation, innere personenzentrierte Klärungsprozesse ablaufen.
Wie allerdings die einzelnen Gruppenmitglieder die problembezogenen Klärungsprozesse, die wohlwollende Haltung des Beraters, die zum Teil sehr direkten, subjektiven Meinungsäußerungen, die offene Gesprächsatmosphäre aufnehmen, ist erst einmal von den individuellen Konfliktklärungserfahrungen jedes Einzelnen abhängig.
Trotz vorhandener Erfahrungsunterschiede kann jedes Gruppenmitglied an einem Identifikations- und Lernprozess teilnehmen, indem es Elemente des Klärungsprozesses auf sich bezieht und dies immer wieder. Durch diesen Gruppenprozess wird einerseits eine **Beratungs- und Konfliktklärungskultur** in der Gruppe entwickelt und andererseits kann jedes Individuum ganz neu dazulernen, konstruktiv mit Konflikten und mitmenschlichem Verhalten umzugehen. Denn dem Konflikt wird sich nicht disziplinarisch, sondern verstehend angenähert.
Die **aktive** Teilnahme eines jeden Gruppenmitgliedes am Gesamtprozesses kann sehr unterschiedlich sein. Man kann in einen Konflikt involviert sein und ist somit Konfliktpartner im Gespräch. Man kann Beobachter des Konfliktes gewesen sein oder man beteiligt sich aktiv als Gruppenmitglied an der Lösungsfindung.
Von daher liegt in der Durchführung dieses Beratungs- und Konfliktklärungsmodells für Gruppen eine große Chance hin zu einem friedlichen Miteinander.

2. Zur Theorie der Beratung und Konfliktklärung in und mit Gruppen

Die Grundlagen unseres Beratungsmodells, das wir in diesem Arbeitsheft vorstellen, werden bereitgestellt von der Humanistischen Pädagogik und Psychologie. Diese finden ihre Konkretion in pädagogischen und psychologischen Richtungen wie **der Gestaltpädagogik, der Themenzentrierten Interaktion (TZI), der systemischen Familientherapie, dem Psychodrama, der Kooperativen Beratung und der Mediation,** um nur einige für uns wesentliche zu nennen.

Im Unterschied zur Mediation, bei der der Mediator mit den beiden Konfliktpartnern in der Regel alleine tätig wird, und zum kooperativen Berater, der sich nur einer Person zuwendet, bezieht unser Modell im Ansatz bereits die Gruppe als Lösungsressource mit ein und lässt diese am gesamten Prozess teilnehmen. So kann jedes einzelne Gruppenmitglied das jeweils Wichtige herausfiltern und lernen.

Beim Ansatz der *Kooperativen Beratung* ist der Berater mit der Rat suchenden Person in der Regel in einem Raum alleine und unterstützt den Problemklärungsprozess der Rat suchenden Person. Diesen eben genannten humanistischen Richtungen liegt ein Menschenbild zugrunde, das jeden Menschen als autonom, reflexiv, kommunikationsorientiert, sinnhaftig und emotional beschreibt. Darüber hinaus gibt es keine von einzelnen Menschen allgemeingültig formulierbare Objektivität, sondern jeweils nur subjektiv konstruierte Wirklichkeiten. Alles, was wir also über einen anderen Menschen wahrnehmen, ist Projektion, ist interpretiert und aus der Sicht unserer eigenen subjektiven biografischen Realität gesehen.

Wir dürfen somit als Lehrer, Pädagogen, Psychologen und Gruppenleiter erst einmal unsere persönlichen Interpretationen des wahrgenommenen Problems nicht als allgemeingültig setzen. **Vielmehr bildet der Ratsuchende selbst das Wahrheitskriterium, in dem er sich formuliert und wir ihn verstehen.**

So ist es nicht unsere Aufgabe, einfach Sanktionen oder Lösungen zu verordnen, sondern Konfliktpartner mit sich selbst und der/dem anderen zu konfrontieren. Dadurch kann jeder der Beteiligten mit sich selbst in Kontakt kommen. Somit wird persönlich bedeutsames Lernen (Bürmann) ermöglicht.

Wir ermöglichen einen Selbstklärungsprozess (Selbstevaluierung) und das Aktivieren von Ressourcen der beteiligten Konfliktpartner bei der Lösungsfindung (Empowerment). Eine konsequente Beratungs- und Konfliktarbeit in und mit Gruppen schafft emotionale und soziale Kontakterfahrungen. Auf der individuellen Ebene wird Persönlichkeitsentwicklung ermöglicht und auf der Ebene des Gruppenprozesses ein gemeinsames soziales Wachsen.

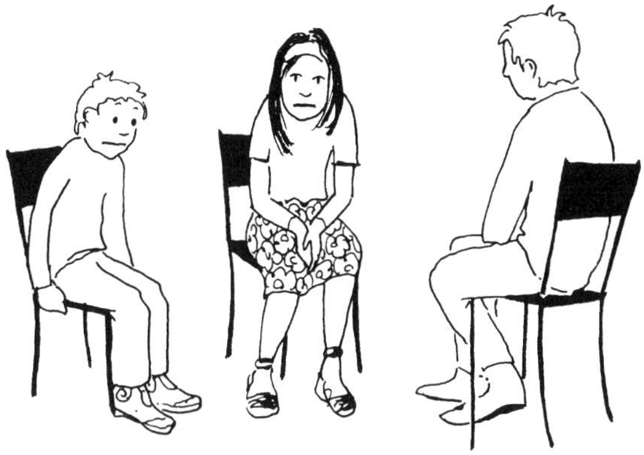

3. Zur Praxis der Beratung und Konfliktklärung in und mit Gruppen

Das Instrumentarium

Ein Lehrer, Pädagoge, Psychologe, Gruppenleiter (GL) sieht sich im Alltag immer wieder vor die Situation gestellt, dass von Kindern oder Jugendlichen Problemsituationen an ihn herangetragen werden. Allzu oft glaubt er sich befleißigen zu müssen, schnell einen Rat zu erteilen oder aus Überdruss wegen den immer wieder auftauchenden Problemen eine banale Antwort zu geben wie: *„Gebt euch die Hände und entschuldigt euch."* Oder: *„Geht euch aus dem Weg."* Hauptsache, man hat erst einmal als Autoritätsperson eine Reaktion gezeigt und der Dienstpflicht Genüge getan.
Dass sich durch derartige Interventionen nichts zum Positiven wendet, erfährt man durch die Beständigkeit der immer wieder ähnlich auftretenden Situationen, die – ist man einmal ehrlich – auf Dauer ziemlich ***nerven***.

Was kann man nun konkret zur Verbesserung der Atmosphäre tun?

⇒ ***Kindern und Jugendlichen Raum und Zeit zur Aussprache geben***

⇒ ***Kinder und Jugendliche ernst nehmen und ihnen aktiv zuhören***

⇒ ***Kinder und Jugendliche verantwortlich in die Gesprächssituation einbinden***

⇒ ***Kinder und Jugendliche Gedanken, Beweggründe und Gefühle zur Situation äußern lassen***

⇒ ***Kinder und Jugendliche dabei begleiten, einen produktiven Lösungsweg zu finden***

Zum positiven Gelingen der soeben aufgeführten Aspekte bedarf es allerdings eines professionellen Instrumentariums (Methode), einer **Beratungs-** und **Gesprächskompetenz.**
Das nun in im Folgenden vorgestellte **Beratungsmodell** berücksichtigt einerseits die oben aufgeführten Aspekte und gibt durch das Zurverfügungstellen eines praktikablen Handwerkszeugs dem GRUPPENLEITER gleichzeitig Sicherheit im Beratungsprozess.

Die Vorbereitungsphase

Bevor wir das eigentliche Praxismodell anschauen, ist es wichtig einige Gedanken im Vorhinein zuzulassen.

Bitte lesen Sie den nachfolgenden Satz mehrmals und spüren Sie, welche **Gedanken, Gefühle** und **Bilder** dabei entstehen!

Erster Satz

Ich bin bereit in manchen Gruppen, in denen ich arbeite, eine Atmosphäre von Wohlbefinden und Frieden entstehen zu lassen.

NOTIZEN:

Welche Gedanken kamen Ihnen zu diesem Satz?

____

____

____

Welche Gefühle und Bilder haben Sie wahrgenommen?

____

____

____

Bitte lesen Sie den nachfolgenden Satz mehrmals und spüren Sie, welche **Gedanken, Gefühle** und **Bilder** dabei entstehen!

Zweiter Satz

Zeit nehmen für Beratung und Konfliktlösung bedeutet positives soziales Verhalten zu erreichen und damit längerfristig Lernprozesse effektiver zu gestalten.

NOTIZEN:

Welche Gedanken kamen Ihnen zu diesem Satz?

____

____

____

Welche Gefühle und Bilder haben Sie wahrgenommen?

____

____

____

Wenn durch die beiden Sätze ihr Interesse geweckt wurde, sie neugierig wurden, was sie konkret in einer ihrer Gruppen tun könnten, dann können sie jetzt, als Ergänzung zu Ihrer professionellen Haltung, zwei wichtige Affirmationen (handlungsleitende Sätze) aufnehmen.

Wir laden sie ein, den weiteren Text auf sich wirken zu lassen.

1. *Affirmation:* Ich arbeite an meiner Haltung.

Das heißt:

- Ich werde, soweit ich es als notwendig erachte, Konflikte ernst nehmen und als Teil gemeinsamen Zusammenlebens betrachten.
- Ich werde den Konfliktparteien wohlwollend gegenübertreten.
- Ich werde versuchen mich innerlich von jedem Konflikt zu distanzieren, um ruhig und gelassen bei der Klärung unterstützen zu können.

2. *Affirmation:* Ich bette die neue Sichtweise in meine Arbeit ein.

Das heißt:

- Ich gebe Beratungs- und Konfliktklärungsprozessen Raum – plane sie, wenn möglich, auch zeitlich ein.
- Ich informiere das Umfeld (KollegInnen, Eltern) über diese Arbeitsweise.

Diese Phase der Vergewisserung der am Prozess der Beratung und Konfliktklärung Beteiligten

Im Folgenden wird kurz die Rolle derjenigen, die am Prozess der Beratung und Konfliktklärung beteiligt sind, aufgeführt und anschließend beschrieben.

Die Beteiligten:

Am Anfang des Beratungs- und Konfliktklärungsprozesses:
Gruppenleiter, Konfliktpartner, Beobachter des Konfliktes

Während des Beratungs- und Konfliktklärungsprozesses:
Gruppenleiter und Konfliktpartner

Während der Lösungsfindung:
Die gesamte Gruppe

Die Rolle der Beteiligten:

Der Gruppenleiter:
Der Gruppenleiter ist verantwortlich für den Prozess der Beratung und Konfliktklärung. Er leitet von der einen zur nächsten Phase über, schließt den Prozess ab. Der Gruppenleiter bittet sowohl die Beobachter als auch die Konfliktparteien um ehrliche Aussagen. Wenn es zu widersprüchlichen Aussagen kommt, muss der Gruppenleiter die Widersprüche hervorheben und kann zur Klärung seine Wahrnehmung des Gesprächsverlaufs verdeutlichen.

Die Konfliktpartner:
Die Konfliktpartner sind aufgefordert ihre Sichtweise, ihre Gedanken und Gefühle zu äußern. Das Verfahren setzt die Bereitschaft voraus, dies zu tun.

Die Beobachter:
Die Beobachter sind Zeugen der Konfliktsituation. Sie eröffnen ein breites Spektrum der Situation. Bei einer großen Anzahl von Beobachtern ist es sinnvoll etwa drei Beobachter auszuwählen. Vorsicht: Auch die Beobachter sind nicht immer Garanten der Wahrheit.

Die gesamte Gruppe:
Alle Gruppenmitglieder können sensibel werden für angemessenes und unangemessenes soziales Verhalten und können lernen, auf kreative Weise Konfliktsituationen zu bewältigen bzw. durch angemessenes Miteinander diese erst gar nicht entstehen zu lassen.
Es entsteht so eine soziale Kultur der Beratung und Konfliktklärung.

Aber auch jeder einzelne in der Gruppe lernt, aus der Fülle der im Laufe der Zeit dargebotenen Lösungsmöglichkeiten die auszuwählen, die ihr/ihm besonders geeignet erscheinen. Die Gruppe lernt quasi in einer Art Huckepack immer mit. Es erfolgt also gleichzeitig eine Individualisierung jedes Beratungs- und Konfliktklärungsprozesses.

Zum Umgang mit unwahren Aussagen:
Es ist nicht immer möglich den tatsächlichen Hergang einer Situation festzustellen. Dieses gruppenorientierte Beratungsverfahren ist dafür geeignet, die Erfahrung zu vermitteln, dass grenzüberschreitendes Verhalten nicht ohne Konsequenzen bleibt.

Das Praxismodell, das im Folgenden in vier Schritten ein praktikables Beratungsverfahren vorstellt, sollte natürlich an die jeweilige konkrete Beratungssituation angepasst werden.
Das kann bedeuten, dass ein Schritt verkürzt behandelt wird oder auch besonders intensiv.
Entscheidend ist, das Modell als Orientierungsrahmen zu nutzen und es in der Praxis häufig anzuwenden, sodass durch die Erfahrung des Gruppenleiters die jeweilige Schwerpunktsetzung vorgenommen werden kann.

4. Das Praxismodell der Beratung und Klärung eines Konfliktes

– Die einzelnen Schritte nacheinander (Prozessverlauf) –

Erster Schritt: START – Raum schaffen

- **Vertrauensvolle Einladung des Gruppenleiters an die Konfliktpartner zur gemeinsamen Konfliktklärung**

  Wenn Ruhe in der Gruppe eingetreten ist, bittet der Gruppenleiter die Konfliktpartner zum gemeinsamen Gespräch zu sich.

- **Setting für Gesprächspartner einrichten**

  Es sollte ein für alle gut sichtbarer Platz im Raum zur Positionierung der Sitzgelegenheiten gewählt werden: Zwei Stühle für die Konfliktpartner, ein Stuhl für den Gruppenleiter und es sollte Raum sein für den Friedensstuhl, der aber erst später dazugestellt werden sollte. Die ausgewählten Beobachter stellen sich dazu *(vgl. die Hinweise auf Seite 19/20)*.

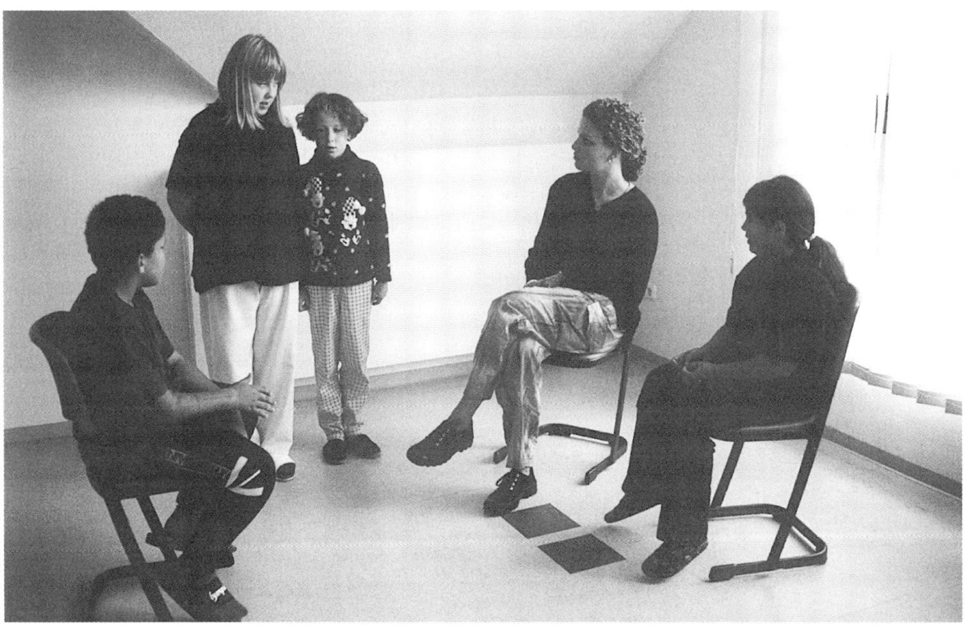

- **Bitte an die restliche Gruppe um Aufmerksamkeit und Mithilfe bei der Lösungsfindung**

  Der Gruppenleiter bittet die restliche Gruppe um aufmerksames Verfolgen des gesamten Gesprächsverlaufs und um spätere Mithilfe bei der Lösungsfindung. Diese Startphase soll erreichen, dass der Konflikt als Normalität betrachtet wird, der der Lösung bedarf. Es wird dafür eine spezielle Gesprächskonstellation geschaffen.

Zweiter Schritt: AUSSPRACHE – Was war los?

- **Die Konfliktpartner stellen kurz nacheinander ihre Sichtweise dar**

  Wichtig ist, dass bei diesem zweiten Schritt für jeden der beiden Konfliktpartner genügend Zeit zur Verfügung steht und dass die Regeln eingehalten werden: keine Beschimpfungen, ausreden lassen. Oft ist ein zweiter Durchgang sinnvoll, in der Weise, dass der Konfliktpartner, der zuerst mit seiner Darstellung begonnen hat, die Möglichkeit der Ergänzung bekommt *(Willst Du noch etwas hinzufügen?)* oder auf die Darstellung des Konfliktpartners eingehen kann *(Du hast gehört was* [Name] *gesagt hat. Willst du dazu noch was sagen?)* und danach der andere Konfliktpartner.
  In dieser Phase des zweiten Schrittes kann es sinnvoll sein, das Geschehen, um das es geht, zu visualisieren *(vgl. die Hinweise auf Seite 19/20).*

  Es ist wichtig, dass dieser zweite Schritt der Aussprache gut und gründlich durchgeführt wird, damit eine tragfähige Lösung gefunden werden kann und keine oberflächliche Scheinlösung. Jeder der beiden Konfliktpartner muss, bevor die Beobachter zu Wort kommen, das Gefühl haben, alles gesagt zu haben, was sie/er sagen wollte. Deshalb sollte am Ende der ersten Phase des zweiten Schrittes mit der Frage durch den GL abgeschlossen werden:
  Will eine/einer von euch beiden noch etwas sagen, bevor wir weiter gehen?

- **Die Beobachter des Konfliktes beschreiben ihre Wahrnehmungen**

  Die Beobachter werden vom GL gefragt, was sie gesehen haben. Sie werden um wahrheitsgemäße Beobachtungen gebeten. Sie sprechen direkt zum GL und nicht zu einem der Konfliktpartner. Dies soll verhindern, dass es zusätzlich zu emotionsgeladenen Konfrontationen kommt.
  Anschließend setzen sich die Beobachter wieder.

- **Der Berater bittet daraufhin die Konfliktpartner um wahrheitsgemäße Aussagen**

  Die Konfliktpartner haben nun erneut die Möglichkeit, nacheinander zu ergänzen, zu kommentieren oder Abweichungen von der Sichtweise eines der Beobachter darzustellen.

- **Der Gruppenleiter befragt die Konfliktpartner nach Gedanken und Beweggründen innerhalb der Streitsituation**

  Durch das Aussprechen der Gedanken der beiden Konfliktpartner – dies geschieht wiederum nacheinander – soll in einem ersten Schritt die Entstehung des Konfliktes erhellt werden *(vgl. Hinweise Seite 19).*

- **Der Gruppenleiter fragt die Konfliktpartner nach ihren Gefühlen innerhalb der Streitsituation**

  Hier wird die Möglichkeit gegeben, Gefühle, die man in der Konfliktsituation empfunden hat, auszusprechen. Durch die Frage des GL nach den Gefühlen der Konfliktpartner wird die Konfliktursache noch einmal vertiefend erhellt *(vgl. Hinweise Seite 19).*
  In dieser Phase werden häufig die Verletzungen sichtbar, die eine Konfliktsituation eskalieren ließen.

(Es kann an dieser Stelle sinnvoll sein, dass der GL bei den Konfliktpartnern rückfragt, ob sie das jeweilige Gefühl des anderen nachvollziehen oder gar verstehen können. Dadurch wird häufig die Grundlage zum Verständnis des anderen und für eine Wiederannäherung gelegt).

Hinweis:

In jeder Phase dieses zweiten Schrittes sollte der Gruppenleiter die unterschiedlichen Aussagen und Standpunkte sowie Beobachtungen der einzelnen Beteiligten ausreichend spiegeln *(vgl. Hinweise auf Seite 20).*

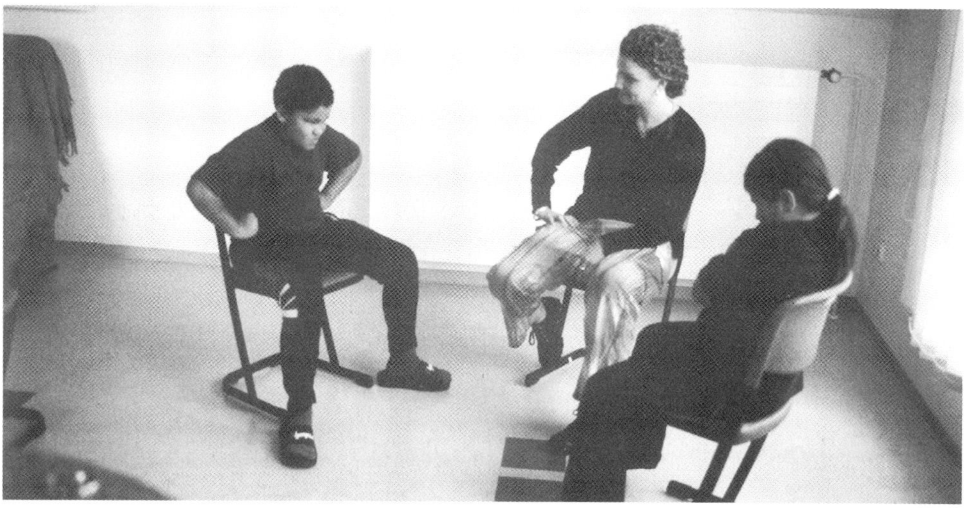

Dritter Schritt: BEZIEHUNGSKLÄRUNG – Der Friedensstuhl

- **Ein leerer Stuhl (Friedensstuhl) wird hinzugeholt**

  Der Friedensstuhl sollte möglichst ein besonderer Stuhl sein: besonders groß, schön, farbig angemalt u. Ä. Er unterstützt räumlich die jetzt neu einzuleitende Sichtweise der Konfliktpartner, nämlich ihre Orientierung hin zu einer Zielfindung.

- **Zielfindung**

  Die Konfliktpartner setzen sich nun nacheinander auf diesen Stuhl und werden jeweils vom Gruppenleiter befragt:

  Was hat dich an der Situation am meisten gestört?

  Was wünschst du dir von dem Konfliktpartner [entspr. Name]?

Vierter Schritt: NEUE WEGE – Wir suchen Lösungen

- **Konfliktpartner versuchen Lösungsvorschläge zu benennen**

  Der Gruppenleiter befragt nun nacheinander die Konfliktpartner, ob sie Lösungen und Ideen zur Behebung des Konflikts vorschlagen können.

- **Die gesamte Gruppe hilft Lösungen zu finden**

  Die Gruppe hilft nun Ideen für Lösungen zu finden. Dieser Teilschritt hat die Funktion, dass sich das Spektrum möglicher Lösungsideen erweitert. Es kann sinnvoll sein eine Begrenzung der Anzahl der Lösungen vorzunehmen, damit niemand den Überblick verliert. Der GL bittet die Konfliktpartner besonders sorgfältig hinzuhören.

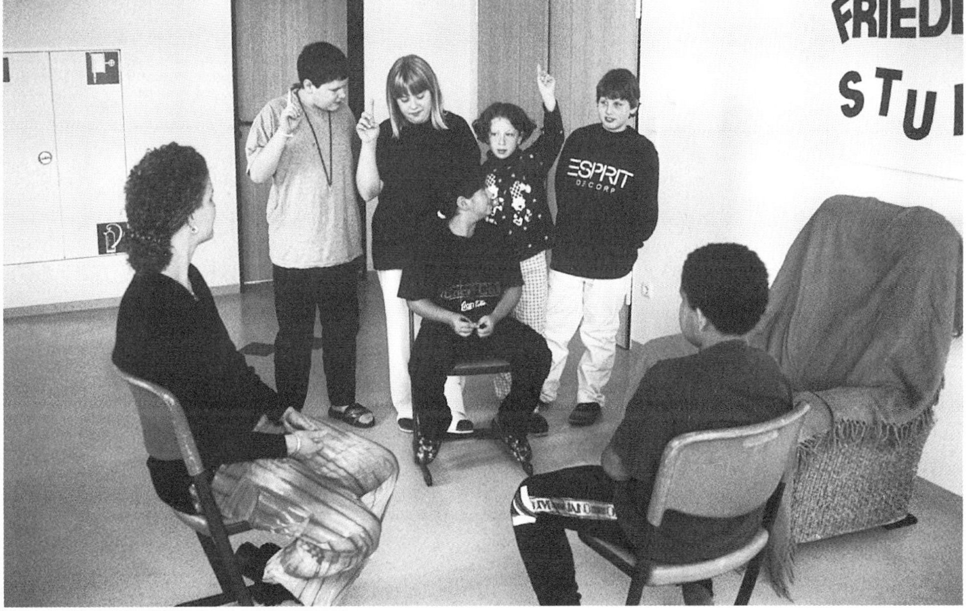

- **Die Konfliktpartner entscheiden sich**

  Die beiden Konfliktpartner wählen nun wiederum nacheinander eine Lösungsidee aus. Ein wichtiges Auswahlkriterium sollte die effektive und möglichst einfache Realisierbarkeit sein. Auch in diesem Teilschritt kann eine Visualisierung hilfreich sein, wenn mehrere Lösungswege in Frage kommen.

- **Der Gruppenleiter bedankt sich bei allen Beteiligten**

  Nun bleibt nur noch der Dank seitens des Gruppenleiters an die Konfliktpartner und die Gruppe, die unterstützt hat. Der Ausdruck des Dankes ist wichtig. So wird von allen Beteiligten gelernt, dass die Klärung von Konflikt- und Problemsituationen eine Leistung ist, die Dank und Anerkennung verdient.

5. Der Beratungsprozess im Überblick

Erster Schritt: START – Raum schaffen

- GL bittet Konfliktpartner und Beobachter zu sich
- GL richtet Setting für die Gesprächssituation ein
- GL bittet die restliche Gruppe um Aufmerksamkeit und Mithilfe bei der Lösungsfindung

Zweiter Schritt: AUSSPRACHE – Was war los?

- Konfliktpartner beschreiben nacheinander das Problem
- Beobachter ergänzen ihre Wahrnehmungen
- GL bittet Konfliktpartner um wahrheitsgemäße Aussagen
- GL fragt nach Gedanken, die zum Konflikt geführt haben
- GL fragt nach Gefühlen, die in der Konfliktsituation vorhanden waren

Dritter Schritt: BEZIEHUNGSKLÄRUNG – der Friedensstuhl

- Der Friedensstuhl wird hinzugeholt
- Die Konfliktpartner beantworten nacheinander die beiden Fragen:
  - *Was hat dich in der Situation/am Konfliktpartner am meisten gestört?*
  - *Was wünschst du dir vom Konfliktpartner?*

Vierter Schritt: NEUE WEGE – Wir suchen Lösungen

- Erste Lösungsvorschläge der Konfliktpartner
- Die Gruppe hilft Lösungen zu finden
- Die Konfliktpartner wählen eine Lösung aus
- Dank des GL an alle Beteiligten

6. Rahmenbedingungen für jede Beratungssituation

Wir vereinbaren eine Gesprächszeit

Die Atmosphäre ist vertrauensvoll

DIE GRUPPENLEITERIN/
DER GRUPPENLEITER

- ➢ führt das Gespräch mit Anteilnahme
- ➢ macht das Problem konkret
- ➢ spricht Gedanken und Beweggründe an
- ➢ spricht Gefühle an
- ➢ fasst das Gesagte zusammen/spiegelt es

Die Rollen sind klar verteilt

Wir haben ein Setting vorbereitet

GESPRÄCHSREGELN

- **Ich beschimpfe niemanden**
- **Ich höre dem zu, der gerade spricht**
- **Ich lasse andere ausreden**
- **Ich spreche nur für mich**
  (Meine Sätze beginnen mit dem Wort „Ich“)

7. Erklärende Hinweise zum Beratungsprozess

Wie erfrage ich Gedanken?

Das Erfragen der Gedanken dient dazu, über die oft anklagenden Positionen der Beteiligten hinaus ein breiteres Spektrum der Bedingungsfaktoren, die zum Konflikt führten, zu erfassen.
Es sollen die Gedanken, die zum Konflikt beigetragen haben, im Konflikt vorhanden waren und nach dem Konflikt bestehen, erhellt werden. Den Konfliktpartnern wird die Möglichkeit eröffnet, einen Raum für die Probleme zu haben. Das Ernstnehmen ihrer Situation und das Hinhören ist ein wichtiger Teil im Rahmen der Lösungsfindung.

Beispielfragen:

➢ *Was hast du gedacht, als du auf den (Thomas) losgegangen bist?*

➢ *Welche Gedanken hattest du danach?*

➢ *Was glaubst du, welcher Gedanke hat dein Verhalten am meisten bestimmt?*

➢ *Und welche Meinung hast du jetzt dazu?*

Wie erfrage ich Gefühle?

Für die Klärung eines Problems ist neben den Gedanken das Erfragen der beteiligten Gefühle besonders wichtig. Der Berater sollte die Möglichkeit eröffnen, wichtige Gefühle, die im Rahmen der Gesamtsituation vorhanden waren, zu benennen. Denn Gefühle bestimmen tiefgreifend unser Handeln mit.

Beispielfragen:

➢ *Was fühltest du zu Beginn deines Streites? – Erinnere dich, spüre kurz nach.*

➢ *Wie hast du dich später gefühlt? Wie geht es dir im Moment?*

Die häufigsten Begrifflichkeiten für Gefühlszustände sind:
Ärger, Wut, Angst, Trauer, Schmerz, Ohnmacht, Freude, Liebe.

Visualisieren

Es kann hilfreich sein, wenn man besonders zu Beginn der Gesprächssituation (2. Schritt) verbalisierte Informationen auf ein größeres Blatt Papier (Flipchart) oder an die Tafel schreibt.

Es kann ebenfalls sinnvoll sein, wenn komplexe Abläufe in ihrer Abfolge und Bedingungsstruktur mit verschiedenfarbigen Filzstiften aufgemalt werden.
Hierzu eignen sich auch Püppchen oder Figuren, die die einzelnen Personen in der Realität symbolisieren, die dann auch auf dem Boden hin und her geschoben werden können.
Beim vierten Schritt können dann durch Verschieben der Figuren Klärungsangebote anschaulich werden.
Eine weitere Möglichkeit der Visualisierung ist das Nachstellen einer Situation: Andere Gruppenteilnehmer werden durch den Berater so im Raum plaziert, dass das Geschehen für alle besser vorstellbar wird. Dabei können die Konfliktpartner einbringen, ob ihrer Meinung nach die Situation so richtig nachgebildet wurde. Handfeste Aktionen, mit intensivem Körperkontakt, sollten vermieden werden.

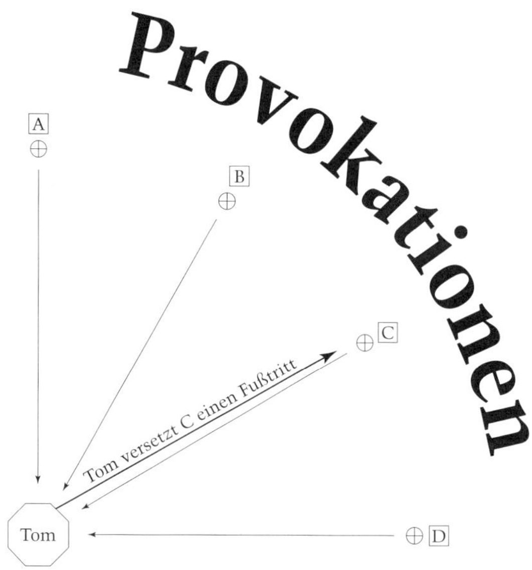

Die Personen A, B, C und D provozieren Tom verbal. Dieser reagiert nach einiger Zeit mit Handlung.

Spiegeln

Es ist sinnvoll von Zeit zu Zeit die Aussagen der Ratsuchenden zusammenzufassen.
Diese verbale Spiegelung steigert den Erkenntnisprozess und ist somit ein indirektes Mittel, das dem Ratsuchenden zur Klarheit und Lösungsfindung verhilft. Gelegentlich kann es auch hilfreich sein, wenn der Berater auch die nonverbalen Botschaften eines oder beider Konfliktpartner spiegelt, z. B. indem er die Körperhaltung, mit der einer der beiden dasitzt oder steht, nachahmt. Dies sollte nur dann geschehen, wenn man es den Konfliktpartnern und der Gruppe zutraut, so etwas aufzunehmen, ohne dass dies als Provokation aufgefasst wird.

8. Zwei Praxisbeispiele zur Beratung und Konfliktklärung

a) Bilderstreit

Ort des Konfliktes:
Pausenhof

Ort des Gesprächs:
Klassenraum einer 2. Klasse

Zeit:
nach der Pause

Jenny und Matthias wenden sich direkt nach der Pause aufgebracht an die Lehrerin, überhäufen sie mit Informationen und haben offenbar die Erwartung, dass die Lehrerin klärend interveniert.

Nachdem sich alle Schüler gesetzt haben und Ruhe eingetreten ist, fragt die Lehrerin Jenny und Matthias, ob sie bereit sind, noch einmal die Situation hier in der Klasse durchzusprechen, um nach einer angemessenen Lösung zu suchen.

Jenny und Matthias bejahen.

Die Lehrerin spricht zur gesamten Klasse und fordert die Schüler auf, das Gespräch zu verfolgen und später Lösungsmöglichkeiten mit einzubringen.

Die Lehrerin lädt Jenny und Matthias zum Gespräch ein.
Man sitzt in einer Dreiergruppe zusammen. Die Lehrerin fragt, wer den Vorfall beobachtet hat, und bittet daraufhin zwei Buben und zwei Mädchen, die sich melden, hinzu.

Lehrerin: *Jenny und Matthias, ihr habt euch in der Pause gestritten. Bitte stellt nacheinander kurz dar, was aus eurer Sicht passiert ist.*

Jenny: *Ich habe Matthias gefragt, ob ich seine Diddelbilder sehen kann, und dann habe ich mir welche aus seiner Tasche genommen. Und dann hat mich Matthias getreten.*

Matthias: (ängstlich schauend) *Ich habe den Kopf geschüttelt und Jenny hat sich einfach Bilder genommen. Ich habe Jenny nicht getreten.*

Die Lehrerin bittet die Beobachter zu berichten.

Die Beobachter (2 Buben): *Jenny hat Matthias getreten. Matthias wollte die Bilder nicht zeigen.*

Beobachterinnen (2 Mädchen): *Matthias hat Jenny getreten.*

Die Lehrerin bedankt sich bei den Beobachtern und schickt sie auf ihre Plätze zurück.

Danach bittet die Lehrerin beide Streitende um wahrheitsgemäße Aussagen und verweist auf die Ausführungen der Beobachter.

Lehrerin: (zu Jenny gewandt) *Jenny, ich fasse einmal zusammen, was ich bis jetzt gehört habe. Du hast, ohne auf Matthias' Kopfschütteln zu achten, die Bilder aus seiner Tasche genommen und Matthias zurück getreten. Und ich habe gehört, dass du, Matthias* (zu Matthias gewandt), *Jenny getreten hast.*
Matthias, obwohl du mit dem Kopf geschüttelt hast, hat Jenny dir Bilder weggenommen. Daraufhin hast du Jenny getreten.
Jenny, Matthias, war das so? (Beide nicken)

Lehrerin: (zu beiden gewandt) *Welche Gedanken gingen euch in der Streitsituation durch den Kopf?*

Jenny: *Ich wollte die Bilder doch nur einmal sehen.*

Matthias: *Ich wollte ihr die Bilder nicht zeigen.*

Lehrerin: *Wie hast du dich in diesem Moment gefühlt, Jenny?*

Jenny: *Ich wurde wütend, weil mich der Matthias getreten hat.*

Lehrerin: *Und du Matthias?*

Matthias: *Ich war wütend, weil Jenny einfach meine Bilder genommen hat.*

Jenny: *Jetzt habe ich Angst, dass der Matthias mich im Bus schlägt.*

Lehrerin: *Ihr wart also beide ärgerlich und jetzt hat Jenny noch Angst, dass du, Matthias, sie später im Bus schlägst.*

Die Lehrerin holt den **Friedensstuhl** dazu, bittet die Schüler nacheinander auf diesem Stuhl Platz zu nehmen und stellt folgende Fragen:

Lehrerin: *Jenny, was stört dich im Moment am meisten an Matthias?*

Jenny: *Dass er mich im Bus schlagen will.*

Lehrerin: *Du möchtest nicht von Matthias geschlagen werden.*

Jetzt wird Matthias gebeten, sich auf den Friedensstuhl zu setzen.

Lehrerin: *Matthias, was stört dich im Moment am meisten an Jenny?*

Matthias: *Dass sie einfach meine Bilder genommen hat.*

Lehrerin: *Was wünschst du dir von Jenny?*

Matthias: *Sie soll nicht mehr so gemein zu mir sein und mich treten.*

Die Lehrerin fragt Matthias und Jenny nacheinander, ob sie schon Lösungsideen haben, wie man wieder friedlich miteinander umgehen könne. Oder, ob sie gegenseitig bereit sind, dem seitens des Konfliktpartners geäußerten Wunsch nachzukommen.
Beide sind aber im Moment noch unentschieden.

Daraufhin befragt die Lehrerin die Mitschüler und diese nennen folgende Ideen:

(Im Hinblick auf Jenny) *Jenny soll sich bei Matthias entschuldigen – Jenny muss auf das Kopfschütteln von Matthias achten – Jenny sollte Matthias nicht mehr treten.*

(Im Hinblick auf Matthias) *Matthias sollte Jenny im Bus in Ruhe lassen – Matthias sollte nicht gleich treten, wenn er wütend ist, sondern mit Worten antworten – Matthias sollte Jenny sagen: Nein, ich will dir die Bilder nicht zeigen.*

Die Lehrerin bedankt sich bei der Gruppe für die Vorschläge und wendet sich an Jenny und Matthias.

Lehrerin: *Jenny und Matthias, habt ihr eine Möglichkeit für euch gehört, die zu euch passt?*

Jenny: *Ich entschuldige mich bei Matthias!*

Matthias: *Ich lass' Jenny im Bus in Ruhe!*

Die Lehrerin bedankt sich bei Jenny und Matthias.

Kommentar:

Ein Konfliktklärungsprozess wie der eben beschriebene eröffnet zuerst einmal allen Schülern die Erfahrung, dass es möglich ist, in einer angenehmen Atmosphäre aussprechen zu können, was einen bewegt – also angehört und bei der Klärung begleitet zu werden.
Matthias' anfänglich ängstliche Gesichtszüge entspannten sich, als er spürte, dass er nicht, wie schon so oft, sofort angeklagt wird, sondern dass er sozusagen zu Unrecht von Jenny so behandelt wurde. Dies ermöglichte ihm auch zuzugeben, dass er getreten hat.
Jenny hingegen, eine sehr energische kleine Person, musste am Ende feststellen, dass man beim unberechtigten Verletzen von Grenzen mit üblen Folgen für sich selbst zu rechnen hat.

b) Wer schlägt zuerst?

Ort des Konfliktes:
Schulhof

Ort des Gesprächs:
Klassenraum einer 7. Klasse Hauptschule

Zeit:
Zu Beginn des Unterrichtes der 1. Stunde

Die Schüler empfangen den Lehrer mit überschlagendem Lärm und viele wollen aufgebracht reden.
Es stellt sich heraus, dass Michael mit Frederick in einen Streit verwickelt war.

Der Lehrer nimmt die Konfliktsituation auf, bittet Michael und Frederick zur Klärung zu sich und bittet die Klasse um Teilnahme.

Lehrer: (zu Michael gewandt) *Michael, du warst gerade eben auf dem Hof in einen Streit verwickelt. Wie kam es dazu?*

Michael: *Wir haben Fußball gespielt und da hat der Semir zu mir gesagt, dass der Frederick mich schlagen will. Ich habe den Frederick nicht zuerst geschlagen. Auf einmal haben mich ganz viele festgehalten.*

Der Lehrer bittet nun Frederick um Stellungnahme.

Frederick: *Ja, aber ich habe das nicht so direkt gesagt. Plötzlich hat der Michael mich angegriffen und ich bin auf dem Boden gelegen.*

Der Lehrer bittet Beobachter der Szene dazu.

Beobachter der Szene: (2 Jungen) *Wir haben gemeinsam gespielt, als plötzlich der Michael wütend auf den Frederick los ist und anfing ihn zu schlagen. Wir haben den Michael dann festgehalten.*

Der Lehrer bedankt sich und bittet die Beobachter wieder auf die Plätze.

Lehrer: *Ich fasse einmal zusammen, was ich bis jetzt gehört habe. Während des Fußballspiels hast du, Michael, von Semir gehört, dass dich Frederick schlagen will. So wie die Beobachter berichtet haben, bist du auf Frederick zugestürmt und hast ihn geschlagen.*
Und du, Frederick, hast zu Semir gesagt, dass du den Michael schlagen willst.

Der Lehrer wendet sich wieder Frederick und Michael zu, bittet beide wahrhaftig zu sein und fragt, ob seine Zusammenfassung gestimmt habe. Beide akzeptieren die Zusammenfassung und Darstellung der Situation durch den Lehrer.

Lehrer: *Frederick, was ging dir durch den Sinn, als du gesagt hast: Ich will den Michael schlagen?*

Frederick: *Der Michael war gestern so frech zu mir. Ich wollte ihn nur ärgern.*

Lehrer: *Michael, was ging dir durch den Sinn, als du gehört hast, der Frederick will dich schlagen?*

Michael: *Von dem lass' ich mich doch nicht schlagen.*

Lehrer: *Frederick, wie ging es dir, als der Michael dich angegriffen hat.*

Frederick: *Ich habe irgendwie gemerkt, dass ich zu weit gegangen bin. Den Michael kann man immer so schnell reizen.*

Lehrer: *Michael, wie ist es dir ergangen?*

Michael: *Als die mich alle festgehalten haben, habe ich mich so beengt gefühlt. Und ich bin immer wütender geworden.*

Lehrer: *Ich möchte euch beiden nacheinander zwei Fragen stellen, um damit in unserem Gespräch einen Schritt weiterzukommen.*

Lehrer nimmt den Friedensstuhl dazu und bittet Michael, darauf Platz zu nehmen.

Lehrer: *Michael, ich möchte dich jetzt fragen:*
Was stört dich im Moment am meisten an Frederick?

Michael: *Dass Frederick immer der Beste in der Klasse sein will.*

Lehrer: *Und was wünschst du dir von Frederick?*

Michael: *Dass wir in der nächsten Pause wieder zusammen Fußball spielen.*

Nun soll sich Frederick auf den Friedensstuhl setzen.

Lehrer: *Frederick, auch an dich die zwei Fragen. Was stört dich im Moment am meisten an Michael?*

Frederick: *Dass Michael mich ständig ärgert und beschimpft.*

Lehrer: *Und was wünschst du dir von Michael?*

Frederick: *Ich möchte, dass er mich in Ruhe lässt.*

Der Lehrer bezieht nun die ganze Gruppe mit ein und fragt nach versöhnlichen Wegen für beide.

Mitschüler:

- Wenn Frederick sich über Michael ärgert, soll er den Ärger gleich austragen und nicht erst am nächsten Tag.
- Frederick sollte vorsichtiger damit umgehen, wenn er etwas über Michael äußert, da Michael sehr schnell wütend wird.
- Michael soll erst einmal bei Frederick nachfragen, ob das stimmt, was er von Semir gehört hat.
- Michael soll einen Helfer bestimmen, der ihm in Streitsituationen hilft, nicht immer gleich auf andere loszuschlagen.

Beide Schüler haben sich die Vorschläge angehört. Frederick wollte daraufhin zukünftig vorsichtiger mit seinen Worten sein.
Michael nahm sich einen Konflikthelfer zur Seite, den auch Frederick akzeptiert hat.

Der Lehrer bedankt sich bei allen Beteiligten.

Kommentar:

Es ist immer wieder überraschend festzustellen, welche eigentlichen Ursachen und Motive sich hinter Konflikten verstecken. Michael fühlt sich zu Frederick einerseits hingezogen – er möchte mit ihm Fußball spielen, gleichzeitig aber ist er neidisch, dass dieser der Klassenbeste ist. So ergibt sich eine ambivalente Kontaktsituation.
Frederick hat dies gespürt und nutzt seine „Macht" aus, indem er Michael reizt. Frederick kennt Michaels Wunsch und muss künftig entscheiden, ob er diesen mitspielen lassen will. Und Michael kann, falls dies nicht geschieht, lernen mit dieser Frustration konstruktiv umzugehen und seine freundschaftlichen Kontakte in anderer Richtung zu suchen.

Weiterführende Literatur

Besemer, C.: Mediation. Königsfeld-Freiburg 1999 (6. Aufl.)

Bürmann, J.: Gestaltpädagogik und Persönlichkeitsentwicklung. Bad Heilbrunn 1992

Manteufel, E./Seeger, N.: Selbsterfahrung mit Kindern und Jugendlichen. München 2002 (4. Aufl.)

Mutzeck, W.: Kooperative Beratung. Weinheim 1997 (2. Aufl.)

Reiser, H./Lotz, W.: Themenzentrierte Interaktion als Pädagogik. Mainz 1995

Seeger, R.: Kontakt und Konfrontation – Vom Umgehen mit dem Unvermeidlichen. In: Gestaltpädagogik 1999, 8. Jg., Heft 13, S. 15–22

Weidner, J.: Gewalt im Griff. Weinheim 2000 (2. Aufl.)

Die Autoren

Rita Seeger

Diplom-Pädagogin und Rektorin als Ausbildungsleiterin.
Seit vielen Jahren bildet sie hauptberuflich Lehramtsreferendare aus. Darüber hinaus leitet sie Fortbildungseminare in der Lehrerfortbildung. Sie absolvierte mehrjährige Fortbildungen in Gestaltpädagogik (FPI), klientenzentrierter Gesprächsführung (GWG) und körperorientierter Gestaltarbeit.
Mitautorin des Buches *Früchte der Gestaltpädagogik*, hgg. von Jörg Bürmann und Jürgen Heinel, Bad Heilbrunn 2000.

Norbert Seeger

Hauptberuflich jeweils mehrere Jahre in der Jugendarbeit (Randgruppenarbeit) und Erwachsenenbildung tätig. Danach arbeitete er in verschiedenen Sonderschulformen (Geistig Behinderte, Sprach- und Lernbehinderte).
Seit 1996 Sonderschulrektor der Privaten Schule für Kranke an einer Klinik für Kinder und Jugendliche in Bad Orb.
Er hat mehrjährige Fortbildungen in Gestalttherapie, integrativer Gestalt-Körperarbeit abgeschlossen und ist Autor verschiedener Publikationen (u.a. *Selbsterfahrung mit Kindern und Jugendlichen*, München 2002 (4. Auflage)).